JN103692

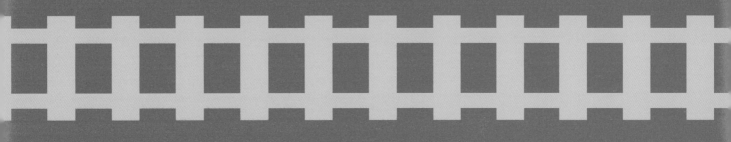

マナーを守って
楽しく極める！

正しい
鉄ちゃん道

③駅鉄

はじめに

　鉄道を趣味とすることは、とてもすばらしいことだと思います。人それぞれ、楽しみ方もさまざまで、撮ったり乗ったり集めたり、時刻表や模型を楽しむなど、たくさんの分野に分かれます。

　ボクは小さいころから鉄道の写真を撮ることが好きで、今ではプロの鉄道カメラマンになっていますが、君たちと同じ年のころには列車に乗ることも、きっぷや駅弁のかけ紙を集めることも大好きでした。でも、そのころは子ども向けの鉄道の本なんてほとんどなく、ただ自分で適当に楽しんでいるだけでした。

　ところが大人になるにつれて、「もっと○○しておけばよかった」とか、「△△のことを知っていたら、より楽しめたのに」など、後悔することがたくさん出てきました。昔のことは今はもう経験できないので、とてももったいなく感じました。

　そして、ボクのような残念な思いを君たちにはしてほしくない！　という気持ちが、この本を書こうと決めるきっかけになりました。

　今回は鉄道の趣味の中でも、とくに人気のある「撮り鉄」「乗り鉄」「駅鉄」の3ジャンルを取り上げています。それぞれの本にはボクの知識と経験、ノウハウなどをたっぷりつめこんであります。もちろん趣味をおこなううえで他人に迷惑をかけるようなことはゆるされませんから、ルールやマナーについても書いています。

　このシリーズを読んで、鉄道が好きな人ならなおさらですが、そうでない人でも、あらためて鉄道という趣味の面白さや楽しさ、奥深さを知ってください。そしてこのシリーズが正しい「鉄ちゃん」として活動していくための手引き書になることを、心から願っています。

鉄道カメラマン　山﨑友也

山﨑です。
ワシは広島出身じゃけぇ、広島弁で駅の魅力を語らせてもらうで。

ユキヒロです。
4年生です！
楽しく鉄ちゃん道を極めます！

みんなで楽しく学ぼう！

ユウカです！
3年生でーす。
スタンプラリーが大好きです！

もくじ

この本の使い方

この本は、「正しい鉄ちゃん道」を極めるための知識やテクニック、ルールやマナーを紹介しています。

駅ナンバリング

「駅ナンバリング」がある駅は、駅名の後ろにつけました（→17ページ）。
例：浜小清水駅（B74）

ポイント

鉄ちゃん道を極めるうえで気をつけるべき点や、用語を解説します。

山﨑のアドバイス

鉄道カメラマン・山﨑友也からの経験にもとづいたアドバイスです。

列車名（形式）

列車名の後ろに形式をつけました（くわしくは2巻で）。
例：普通列車（E127系）

ベンチくん

駅の楽しみ方や沿線のとっておきの情報などを教えます。

山﨑友也に学ぶ駅鉄の旅

山に囲まれたところに、すごい駅が
あるんじゃよ。行ってみるか？

わ〜い、行ってみたい！
どこにある、なんていう駅なの？

それは秘密。
行ってみてからのお楽しみじゃけえ。

ここは静岡県にある大井川鐵道千頭駅。ここから井
川線を走る列車に乗って、なかなかたどり着くこと
ができないめずらしい駅への旅がはじまるよ。

みんなで
出発だ！

1 目的の駅までの旅に出よう

井川線の列車はとても小さく、赤い色のかわいらし
い車両が特徴だ。井川線は、ダムをつくる資材を運
ぶために敷かれた路線なんだ。工事費用をおさえる
ためにトンネルを小さくしたので、車両もそれに合
わせて小さくなったんだ。

千頭駅のホーム

天井も低いし、
両端に座っても
手が届くほど小さい
車両なんだね。

線路のあいだに
デコボコした
レールがあるよ。

アプトいちしろ駅に到着
すると、最後尾に「補機」
と呼ばれる背の高い機関
車（ED90形）を連結する。

アプトいちしろ駅～長島ダム駅の区間

普通列車（クハ600形＋スロフ300形＋DD20形＋ED90形）

アプトいちしろ駅～長島ダム駅のあいだは、1000m進んで90m登る90パーミル（‰）という、ケーブルカーを除く鉄道の中では、日本で最も急坂の区間。そのためふつうの車輪では滑ってしまうので、「ラックレール」と呼ばれるレールに歯車をかみ合わせて、補機にサポートされながら坂を登り降りしている。

この方式を「アプト式」というんじゃ。アプト式で走る鉄道は、日本ではこの井川線だけなんよ。

補機に押されて坂を登っていくと、右手に長島ダムという大きなダムが見えてくる。

2 駅を楽しもう

奥大井湖上駅に到着！　さあ、みんなで記念写真を撮ったり、駅ノートを書いたりして楽しもう。

ホームには「Happy² Bell（ハッピー・ハッピー・ベル）」という鐘があり、自由に鳴らすことができる。

この鐘の音を聞くと元気で出るんだって！

駅のベンチには、おとずれた人が思い出を書き残すノートもある。

旅の感想を書こう。

駅には静岡県らしく、粉末茶スティック「Chabacco」の自動販売機が設置されている。パッケージには大井川鐵道の車両の写真やイラストがえがかれ、鉄心をくすぐるよ。

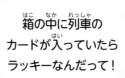

箱の中に列車のカードが入っていたらラッキーなんだって！

駅周辺を探索しよう

駅から出て、駅の形を外からながめたり、
周辺を探索したりしよう。

あそこにガードレールが見えるじゃろ？
あの場所から、この駅を一望できるんじゃ。

ところで
この駅って、
何がすごいの？

あそこに登って
ながめてみれば、
この駅がどんなに
すごいかが
わかるんじゃ！

駅を一望できる場所へ行くには、まず
湖にかかる鉄橋を渡り、山道を登らな
ければならない。

やっと着いた！

もう疲れた……。
まだぁ？

じつは、湖の真ん中に駅があったんじゃ。
ガードレールが構図（くわしくは1巻で）に
入らないように撮ってみよう！

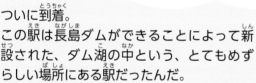

ついに到着。
この駅は長島ダムができることによって新
設された、ダム湖の中という、とてもめず
らしい場所にある駅だったんだ。

ユキヒロくんの写真

ユウカちゃんの写真

ワシの写真

山﨑さんの指導のおかげで、
すごい写真が撮れたよ！

1章

「駅鉄」の基本を学ぼう

駅鉄ってなんだろう？

どんな準備をして、どんなことに

気をつけたらいいのかな？

まずは、駅鉄の基本から学んでいこう。

駅鉄の鉄則！

駅鉄たるもの、駅を楽しむうえで、
かならず守らなくてはならない鉄則がある。
この十箇条を熟読し、正しい駅鉄をめざせ。

其の一 駅名を読めるようになるべし。

其の二 路線や駅順を把握すべし。

其の三 駅のしくみを覚えるべし。

其の四 駅舎のつくりやホームの形を学ぶべし。

其の五 駅の歴史や駅名の由来を研究すべし。

其の六 飲食店や温泉などの同居施設を満喫すべし。

其の七 駅ノートには旅の感想を書き残すべし。

其の八 駅スタンプがあればかならず押すべし。

其の九 駅舎や駅名板の写真を撮るべし。

其の十 ルールやマナーを守らないものは、
駅鉄にあらず。即刻、破門とする。

入門編 駅鉄のススメ

駅をおとずれることを楽しみとしている人たちを「駅鉄」という。駅鉄の目的はさまざまあって、じつは奥が深い。そこで駅鉄にはどのようなジャンルがあるのか、くわしく学んでいこう。

1 とにかく駅に行く

目的の駅をおとずれることのみを楽しみとしている。列車の本数が極端に少なく、なかなかおとずれることのできない秘境駅や終着駅、絶景がながめられる駅などに行き、楽しむ。

2 駅の特色を体験する

形が面白い駅舎をたずねて写真を撮ってみたり、温泉施設が同居した駅で降りて入浴してみたり、変わり種の駅員に会いに行ってみたりと、駅の特色に実際に触れてアクティブに楽しむ。

3 駅のグッズを集める

最も多いのが、駅スタンプを集める人たち。ほかにも、入場券を集めたり、あらゆる路線の終着駅に降りてみたりと、とにかくコレクションの数を増やすことに幸せを感じる。

4 駅を研究する

駅の歴史を学んだり、その場所に駅ができた理由や駅名の由来を調べたりするなど、駅をとことん深く掘り下げる。なんらかの共通点を見出したり、新たな発見などがあると、得られる喜びも大きい。

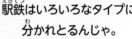

ぼくは駅舎の中にあるレストランで食事するのが好き！

駅鉄はいろいろなタイプに分かれとるんじゃ。

こんなときどうする？

Q. 駅舎のカッコいい写真を撮りたいのに、乗降客がたくさんいる！ どうしたらいい？

A. 地方の小さな駅であれば乗降客が少なくなるときがあるので、それまで待とう。そのためにも撮影時間によゆうを持った旅程を組もう。ほかの人の顔がはっきり写っている写真をSNSなどに投稿するのはNGだ。

Q. 駅員のいない無人駅のホームから、カメラを線路に落としてしまった！ どうしたらいい？

A. 時刻表に書かれていない臨時列車や保線※用の車両が走ってくることもあるので、線路に降りて自分で拾うことはぜったいにやめよう。無人駅には連絡先がかならずどこかに掲示してあるので、そこに連絡して対応してもらおう。

※保線＝線路の点検や修理などをおこなうこと

情報を集めよう
じょうほう あつ

せっかく駅をおとずれたとしても、駅が改修中だったり、同居施設が休みだったりしては台無しだ。そこで、駅に関する情報の集め方や、目的の駅へ向かうための基本的なルート作成法などを伝授しよう。

1 駅の情報を手に入れる
えき じょうほう て い

情報の収集はとにかく大事。その駅が紹介されている本や雑誌、テレビ番組などがあれば、欠かさずキャッチしよう。ただし、営業時間や料金などは変更の可能性があるので、駅や鉄道会社の公式サイトやSNSの公式アカウントなどを確認し、最新の情報をチェックしよう。

プラザロコで遊ぶ
◇ ロコミュージアムに行こう
◇ おすすめのおみやげと
　オリジナルグッズ

イベント情報　　　　一覧を見る
#頑張れ大鐵 企画! 電車・電気
機関車撮影会
#頑張れ大鐵
機関車運転体

ニュースリリース　　　　一覧を見る
2022.01.26 ◇ 売店営業日・営業時間について
2022.11.10 ◇ 撮影会イベント開催に伴う新金谷駅構内
　　　　　　一部エリアの立ち入り制限実施について
2022.11.09 ◇【11月19日】新金谷駅 プラザロコ内に
　　　　　　て「鉄道古物販売会」を開催します
2022.10.31 ◇【2022年紅葉シーズン】奥大井・井
　　　　　　川・寸又峡方面へ公共交通機関でお越し
　　　　　　のお客様へのお願い
2022.10.26 ◇ C56形135号機 動態化クラウドファン
　　　　　　ディングのご支援額が2,500万円を超えま
　　　　　　した!
2022.10.25 ◇ 富士山静岡空港アクセスバス 金谷・SL
　　　　　　新金谷線　大井川マラソン開催に伴うー

大井川鐵道公式ホームページ

最近その駅をおとずれたという人のSNSなどからも、最新の情報が得られることもあるで。ただし、個人が発信する情報は不確かなものもあるから気をつけよう。

2 ニュースや記事をさかのぼる
きじ

目的の駅や施設が、改修などのため長期の休業や工事をおこなうことがある場合は、鉄道会社の公式サイトなどで事前に案内をしていることが多い。最近のニュース記事を読むだけでなく、少し前までさかのぼって調べることも大事である。

3 電話が最も確実
でんわ もっと かくじつ

とくにニュースや案内などが発表されていなくても、機械や設備の突然の故障などで見学や体験ができなくなるということもある。このようなことで失敗しないよう、おとずれる前にお店や施設に電話で現状を問い合わせるのが、最も確実である。

4 滞在時間を考える
たいざい じかん かんが

目的の駅で駅鉄を楽しむには、どのくらいの滞在時間が必要なのかを考えよう。たとえば、駅構内の飲食店を楽しむなら、お店のこみ具合によって長い時間待たされることも予想される。たっぷりよゆうのある滞在時間を考えておいたほうがいいだろう。

釧網本線 浜小清水駅（B74）
せんもうほんせん はまこしみずえき

5 予算を決める

駅にある施設の利用料金や食事代、入場券やグッズ購入など、駅鉄を楽しむために必要なだいたいの金額を調べておこう。それによって普通列車で行くか、新幹線や特急を利用できるかなど、行き方も決めやすくなる。

6 駅の場所を確認する

目的の駅がどこにあるのかわからなければ、そこまでのルートを調べることができない。自分が行きたい駅がどこにあるのかインターネットや地図などで調べ、時刻表の路線図などで確認しておこう。

7 ルートを調べる

目的の駅の時刻表ページを確認して、その駅に特急が停車するのか、普通列車だけなのかを調べよう。そうすると、その駅への到達手段がしぼられ、自分の最寄り駅からのおおよそのルートが定まる。

8 旅程を組む

滞在時間や予算を考え、帰りの列車を決めたら、あとは時刻表を逆引き（くわしくは2巻で）して旅程を組んでいこう。お得なきっぷがないか、大まわり乗車（くわしくは2巻で）でお得に行けないかなどを考えながら計画を立てよう。

事前に集めた情報が多ければ多いほど、
現地でも旅程を組むときでも、
ずいぶんと役立つもんじゃ。

調べることが
大事なんだね！

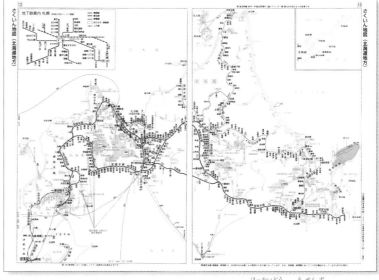

北海道の路線図のページ※

時刻表のページ※

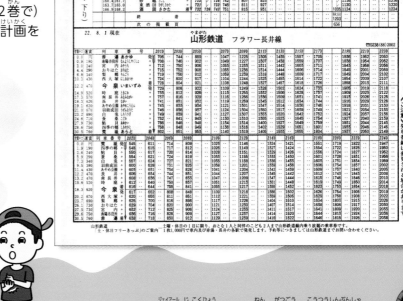

駅は鉄道を利用するうえで大事な施設だ。駅鉄をめざすなら、駅の基本的なしくみを覚え、たくさんある設備や標識などの意味も学んでみよう。

山手線 日暮里駅（JY07）　普通列車（E235系）

プラットホーム

列車を乗り降りするための場所で、一般的に「ホーム」と略して呼ばれている。ホームの高さは都心部の駅では110cm、それ以外の駅は92cm（一部の駅では76cm）、新幹線の駅は125cmと決められている。

山手線 品川駅（JY25）

ポイント

ホームには1番線、2番線というように、それぞれ数字が割りあてられています。昔の国鉄時代は、駅長室に近い順番に1、2、3……と割りあてられていて、JRや第三セクター（くわしくは2巻で）では、今もこの流れを受け継いでいます。私鉄は各社で決め方が異なります。

ホームの種類

ホームには、おもに「単式ホーム」「対向式ホーム」「島式ホーム」「頭端式ホーム」の4種類がある。

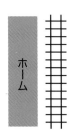

単式ホーム
ホームの片側にだけ線路がある。

対向式ホーム
単式ホームが2本の線路をはさんでいる。相対式とも呼ぶ。

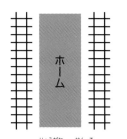

島式ホーム
ホームの両側に線路がある。

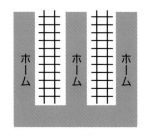

頭端式ホーム
線路がおわった先でホームがつながっている。

上の4種類のほかにも、右のホームなどがあるで。

ホームにもいろいろな種類があるんだね。

切欠きホーム
単式ホームなどの一部を切り取った形になっている。

千鳥式ホーム

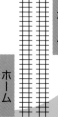

対向式ホームのうち、両側のホームをずらした配置。

2 構内踏切 <small>こうないふみきり</small>

今いるホームと反対側にあるホームに移動するとき、跨線橋（鉄道の線路を越えるためにかけられた橋）や地下道がない駅では、「構内踏切」が設置されている。ホームへの移動が楽だが、遮断機が下りているときは、渡れない。

西武鉄道多摩川線
新小金井駅（SW02）

普通列車
（西武鉄道 101系）

地方の駅に多いが、都市部の駅にもたくさん残っている。

3 キロポスト

路線の起点から何kmの地点にあるかをあらわす標識を「キロポスト」という。当然、起点となる駅には、ここから路線がはじまることを示す0kmのキロポストがかならずある。これは「0キロポスト」と呼ばれ、駅鉄以外の鉄道ファンにも人気がある。

大井川鐵道 千頭駅（→4ページ）にある井川線の0キロポスト

4 出発信号機 <small>しゅっぱつしんごうき</small>

駅を出発する列車に対して指示をする信号機。運転士が使う「出発進行」というフレーズのほんらいの意味は、「出発信号機が進行を表示している（青信号になっている）ことを確認した」ということだ。

出発信号機

この信号が青にならないと列車は出発できないよ。

5 停止位置目標 <small>ていしいちもくひょう</small>

運転士が駅に列車を停車させるときの目標となる標識。ホームの上や線路付近にあり、数字が書いてあるものは、編成の両数をあらわしている。これを知っておけば停車する位置がわかるため、列車の顔（くわしくは1巻で）の写真を撮るときに便利だ。

東京メトロ東西線の停止位置目標

停止位置目標は鉄道会社ごとに色や形がそれぞれ違うけぇ、駅鉄を極めるためなら要チェックじゃ。

は～い!

駅鉄の楽しみ方は、たくさんの種類に分けられる。ここでは9ページで紹介した「とにかく駅に行く」「駅の特色を体験する」「駅のグッズを集める」について、どうすればそれらをもっと楽しめるのか、さらに掘り下げ、同時に注意点も学んでいこう。

大井川鐵道井川線 奥大井湖上駅の駅ノート（→5ページ）。

1 秘境駅で非日常を楽しむ

駅舎や駅名板の写真はかならず撮っておき、それらといっしょに自分が写った記念写真を撮っておこう。多くの秘境駅は列車の本数が少ない。そのため、来たときと同じ方向へ進む次の列車に乗ろうとすると、滞在時間がとても長くなるため、引き返すルートも調べたほうがよい。そうすることで、目的の駅で時間を持てあますことがなくなるかもしれない。

駅ノートがあれば、ベンチに座っておとずれた感想などを記念に書き残そう！

2 降り鉄を楽しむ

路線を制覇する乗り鉄（くわしくは2巻で）とは違い、すべての駅に下車することをめざすのが「降り鉄」だ。難易度はとても高い。記録を証明するためにも、駅舎や駅名板、もしくはそれらと自分が写った写真はかならず撮影し、白地図やノートに書きとめておこう。

3 発車メロディーを楽しむ

中央線 三鷹駅（JC12）

駅付近にゆかりのある有名な人がいたり、地元に名物があったりすると、それらにちなんだ発車メロディーが流れる駅が多い。複線であれば、下りと上りのホームでメロディーが異なる。聞くだけではもったいないので、スマホやICレコーダーで録音して「音鉄」を楽しもう。

三鷹駅では2010年から、童謡「めだかの学校」が発車メロディーに使用されているんじゃ。

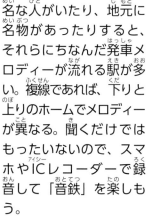

4 終着駅の雰囲気を楽しむ

路線の終点で、その先に線路がのびていないのが終着駅。線路のおわりにはかならず車止めとその標識がある。駅鉄であれば、ぜひ線路の先から駅や列車を背景にそれらを写真に残そう。

指宿枕崎線 枕崎駅
車止めは、線路のおわりを意味している。

ポイント
終着駅で折り返す列車は停車時間が短い場合が多いので、乗り遅れないように気をつけましょう。

5 特徴的な立地・構造を楽しむ

スイッチバック（急な山道などで進行方向を変えながらジグザグに登ること）が見られる駅や、トンネルの中にホームがある「トンネル駅（モグラ駅）」などは、ぜひその場の雰囲気を肌で感じてもらいたい。じっくりと味わえるように、ゆとりを持った旅程を組もう。

野岩鉄道 湯西川温泉駅のホーム

6 美しい景色を楽しむ

駅舎やホームから、海や山などの絶景がながめられる駅も多いので、どの季節のどの時間帯がベストなのかを調べておこう。また、天気予報をこまめにチェックすることも忘れずに。

篠ノ井線 姨捨駅（→27ページ）のホームスイッチバックときれいな夜景で有名。

7 象徴的な駅舎の形を楽しむ

「ホントにこれが駅!?」と疑ってしまうほど、変わった形をした駅がたくさんある。行く前に、デザインの意図や意味について調べてみるのも楽しいだろう。写真を撮りたいなら、地図などで順光（くわしくは1巻で）になる時間帯を調べておこう。

真岡鐵道 真岡駅の駅舎
外観はSLがモチーフ。

8 同居施設を楽しむ

この本でいう「施設」とは、駅事務室や駅に同居しているお店などのこと。利用するうえで最も気をつけたいのが、施設の営業時間や休業日、利用料金などの情報だ。10ページに書いたように、おとずれる前には最新の情報をチェックしておこう。

嵐山温泉「駅の足湯」
京福電気鉄道嵐山本線 嵐山駅（A13）にある足湯。

9 駅のコレクションを楽しむ

駅スタンプや硬券入場券をコレクションしよう。スタンプは、きれいに押せなかったときのことを考えて、予備の紙やスタンプ帳を用意しておくといいだろう。「硬券」とは、明治時代から利用されてきた、ボール紙を使った分厚いきっぷのこと。今では販売している駅が少なく、貴重な存在だ。下車した記念のグッズとして、昔から駅鉄に人気が高い。

天竜浜名湖鉄道
遠州森駅の硬券
改札ばさみで入れる切りこみは、駅によって形が異なっている。

アルピコ交通 新村駅（AK-08）
スタンプのインク面がよごれていることも考えて、よごれ取りやブラシ、ペーパーなども準備しておくと安心だ。

次は「駅を研究する」について、掘り下げてみよう。事前に調べておくことで、おとずれたときの感動や理解がより深まる。また自由研究などで、気になる駅を取り上げて研究し、まとめてみてもいいだろう。

北陸本線 米原駅（JR-A12）～坂田駅（JR-A11）間の線路

1 配線を読む

線路が敷かれている配置を「配線」という。駅の配線を観察していると、どの線路を走る列車がどのホームに進入できるかなどがわかる。また、通過する列車や折り返す列車などの理由が見えてくると、配線が複雑であればあるほど面白い。本やインターネットなどで主要な駅の配線図を見ることもできるので、家にいても楽しめる。

2 歴史を探る

駅の歴史を調べようと思ったら、国や自治体、企業などが公開している資料を活用するのが確実だ。今はインターネットやSNSで、さまざまな情報を手に入れることができる。しかし、個人のサイトは、発信者の思いこみや記憶、口コミなどの情報が多く、正確ではない場合もある。

ポイント

駅の歴史などについてくわしく調べたいなら、インターネットや図書館などで調べるところからはじめましょう。

現地に行って、記念碑や案内板などの内容も参考にしよう。

鹿児島本線 門司港駅（JA31）（→20ページ）のホームにある「0哩標」

九州の鉄道の起点となった場所に建てられた記念碑。

停車場？　駅？　停留場？

「停車場」とは利用客の乗り降りや、貨物の積み下ろしをする場所のことで、駅や信号場（単線区間などで、列車が行き違いや待ち合わせをおこなう場所）などをさす。駅の中でも、出発信号機（→13ページ）やポイント（線路を切り替える設備）などがない駅を「停留場」と呼び、ローカル線の無人駅などはこれにあたる。

東京駅（→24ページ）の駅舎
手前、山手線 普通列車（E235系）・奥、かがやき（E7系）駅は停車場のひとつ。

陸羽東線 堺田駅のホーム
普通列車（キハ110系）ホームや駅舎のみの駅は停留場と呼ぶ。

路面電車の駅は、「電停」と呼ばれとる。

呼び方に違いがあるって知らなかったよ！

3　駅名の由来を調べる

駅名の由来は、周辺の地名や施設名をつけたものが多い。ほかにも人の名前や伝説などから名づけられた駅名もあるので、調べてみると面白い発見がある。駅名のはじめに「安芸」や「紀伊」などの旧国名（都道府県になる前の地理区分の土地の呼び名）が使われている駅は、旧国名地図と見比べてみると由来にたどり着きやすいだろう。

駅名と地名がズレとる駅もよぉけある。
たとえば山手線の目黒駅（JY22）
は品川区に、品川駅（JY25）は
港区にあるんじゃ。

智頭急行 宮本武蔵駅のホーム
二刀流で有名な江戸時代初期の剣術家、宮本武蔵の生誕地といわれている地域にある。

4　駅ナンバリング

基本的に、路線名の頭文字のアルファベット（路線記号）と2桁の数字で構成され、外国人旅行者をはじめ、利用するすべての人がわかりやすいように導入された。都心部ではたくさんの鉄道会社の路線があるため、アルファベットが同じ表記になる可能性がある。それを避けるために、鉄道会社がアレンジしていることもあり、なぜその表記になったのか確かめてみるのも面白い。

面白い！
調べてみよっと。

多摩都市
モノレール
のアルファベット
表記は「TT」。
では東急東横線は？
答えは
このページにあるよ。

TT
12
立川北
たちかわきた
Tachikawa-Kita
立川北
다치카와키타

多摩都市モノレール 立川北駅（TT12）の駅名板

京王電鉄京王線・相模原線 調布駅（KO18）の駅名板
駅ナンバリングの数字の形も鉄道会社によって異なっている。

5　駅名板の書体を調べる

ふだんなにげなく見ている駅名板だが、そこに使われている書体（文字の形）が各鉄道会社によって違っている。まずはいろいろな鉄道会社の駅名板を撮影し、どのように形が違うのかを見比べてみよう。興味を持ったら、なんという名前の書体なのか調べてみよう。

6　使われなくなった駅をめぐる

廃止になった路線の駅が残されていたり、移転や改築のために旧駅が保存されていることがある。とくに、再現されたり、そのまま保存されている駅舎は歴史的に価値があり、国の登録有形文化財になっていることも多い。

ポイント
廃線の駅は不便な場所にあることがほとんどなので、事前に行き方をきちんと調べておきましょう。

ホームの地下移設工事のために一度解体されたが、街のシンボル的な建物として復元された。

東急電鉄東横線・目黒線 田園調布駅（TY08・MG08）の旧駅舎

やってはいけない、駅鉄NG集

いい写真を撮るためならなんでもする

ホームでは列車がいないときでも、黄色い点字ブロックの外側には出ないようにしよう。また、線路に立ち入らないことはもちろんのこと、駅事務室や、「立入禁止」と書かれた場所にはぜったいに入らない。無人駅でも、駅の通路をかならず利用して列車に乗り降りするように。

下車記念にサインを残す

ホームや待合室などの駅構内でゴミをポイ捨てしたり、下車した記念に壁や柱をきずつけたりすることは厳禁だ。古い駅舎や木造駅舎などは、建物がこわれやすい部分もあるので、気をつけよう。駅の備品などをぬすむのはもってのほかだ。

駅を楽しみつくす

念願の駅におとずれることができたうれしさのあまり、騒いだり走りまわったりしないように。駅の飲食店を利用するときは、必要以上に長い時間いすわったりしない。ほかの乗降客をいやな気持ちにさせて、駅員に注意されたりしないよう、マナーやルールは守ろう。

2章

駅を体験しよう

歴史を感じる駅、温泉や宿泊施設がある駅、
変わった駅員がいる駅など
楽しい体験ができる駅を紹介しよう。

比羅夫駅
(22ページ)

ほっとゆだ駅 (28ページ)

宮内駅 (30ページ)

津南駅
(28ページ)

土合駅
(26ページ)

芦ノ牧温泉駅 (30ページ)

日光駅 (21ページ)

美作滝尾駅
(21ページ)

姨捨駅
(27ページ)

那珂湊駅 (31ページ)

加斗駅
(29ページ)

東京駅 (24-25ページ)

二俣本町駅 (23ページ)

高野下駅 (23ページ)

貴志駅 (31ページ)

門司港駅
(20ページ)

亀嵩駅
(29ページ)

西条駅 (27ページ)

宍喰駅
(31ページ)

由布院駅 (28ページ)

1872年に、日本ではじめて鉄道が走ってから150年（2022年時点）。その間、さまざまな駅がつくられ、なかには長い歴史をほこる貴重な駅もたくさん残っている。そんな駅をめぐり、はるか昔の時代へタイムトラベルしてみよう。

門司港駅（鹿児島本線）

1891年に、九州鉄道門司駅として開業し、1914年に、2代目門司駅として現在の場所に駅舎が建てられ、のちに門司港駅と名前を変える。ヨーロッパにある古い建物のような外観は、大きな屋根と石貼風の壁が特徴的だ。

門司港駅のホーム

門司港駅の駅舎

日本にある駅舎としては、はじめて国の重要文化財に指定された。

頭端式（→12ページ）の長いホームは古めかしい雰囲気なんだ。ベンチがないのがめずらしいよ。

駅舎ではほかにも、屋根裏をのぞける小窓などが見学できるよ（公開時間9:30～20:00）。

ポイント
下関駅（JA53）とのあいだを行き来していた関門連絡船の乗り場へつながっていました。

関門連絡船通路跡

駅舎2階にある旧貴賓室

大正天皇など、賓客をもてなした部屋。

駅員さんはみんな、昔の雰囲気がただよう制服を着とるんじゃ。アナウンスも自動放送じゃのぉて、実際にしゃべっとるんじゃ！

行ってみた～い！

2 日光駅（日光線）

日本初の私鉄である日本鉄道によって、1890年に開業した。1912年に改築された現在の駅舎は、栃木県で採掘される有名な大谷石が使われた洋風の木造建築で、日が沈むと駅舎にライトがともり、幻想的なすがたが浮かび上がる。

駅舎2階にある旧一等待合室（ホワイトルーム）

白とピンクの外壁で、格子窓や、玄関前に大きくはり出した屋根も特徴的だ。

一等車（最上級車）の乗客用の待合室だった部屋。だれでも見学できる。

エントランス天井の鳴龍

ホワイトルームには大きいシャンデリアがいくつもあって見事じゃ。シャンデリアがつり下がっとる土台にある彫刻は開業当時のものなんじゃ。

日光東照宮の「鳴龍」は有名だけど、日光駅エントランスの天井にも「鳴龍」があるよ。

豪華な部屋なんだね。

駅舎内のようす

3 美作滝尾駅（因美線）

岡山県と鳥取県を結ぶ因美線に、1928年に開業した小さな駅。木造平屋の駅舎内には、今ではほとんど見られなくなった木製の改札口やきっぷ売り場などが、開業当時のまま残っており、まるで時間が止まっているかのような雰囲気がただよっている。

美作滝尾駅の駅舎

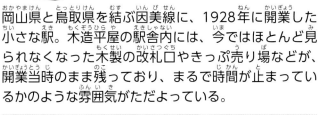

2本の松にはさまれるようにひっそりと、木造平屋の駅舎が建っている。

今は無人駅だが、きっぷ売り場や手荷物をあずかっていた窓口なども、そのまま残っている駅は全国的にも大変めずらしい。

ホテルに直結した駅はたくさんあるが、ここで紹介するのは駅舎そのものに泊まれる駅。日本全国を探してもほんのわずかで、とても貴重な存在だ。機会があれば、家族で駅舎に泊まって、めったにできない体験をしてみよう。

比羅夫駅のホーム

普通列車（キハ150系）
ホームでバーベキュー（2009年ごろ）。

駅舎2階にある客室「深緑」
線路側にあり、窓の真下にホームと列車が見える。

エントランス（談話室）
鉄道関連のグッズや写真、本などもたくさんある。

比羅夫駅（函館本線）

比羅夫駅（S24）には「駅の宿ひらふ」があり、旧駅事務室を改装して1988年から営業を続けている。この宿の一番の特色は、ホームで炭火焼のバーベキューが楽しめること。列車を間近に見ながらバーベキューが食べられるとは、駅鉄にとって夢のような駅といえよう。

ホームでバーベキューを楽しめるのは全国でもここだけなんだ。毎年4月〜10月上旬まで楽しめるよ。

比羅夫駅の駅舎
三角屋根が山小屋のよう。

お風呂には、オーナーさん手作りの木の幹をくり抜いた丸太風呂もあるんじゃ。

ワイルドだね！

2 高野下駅（南海電気鉄道高野線）

「天空」のようす

1925年に建てられた木造の駅舎を残したまま、駅係員の宿直室などをホテルの客室に改装したのが「NIPPONIA HOTEL 高野山 参詣鉄道 Operated by KIRINJI」。部屋の中には、引退した南海電気鉄道の車両の部品などがたくさんあり、鉄ちゃんにはたまらない。

ポイント

「天空」は乗務員の待機スペースを改装したものだよ。

高野下駅（NK81）は無人駅のため、ホテルも無人です。予約するときに料金を支払い、客室の鍵を開ける番号を教えてもらいます。客室は「天空」と「高野」の2室のみ。

コスプレして、窓の外の列車といっしょに記念写真を撮ってみんさい！

高野下駅の駅舎　不動谷川のほとりに建っている。

「高野」のようす
南海電気鉄道の駅長の制服と帽子がある。

3 二俣本町駅（天竜浜名湖鉄道）

客室のようす

1956年に開業した駅舎の中とは思えないほどきれいに改装されているのが、二俣本町駅の「駅舎ホテル INN MY LIFE」。部屋の窓を開けると、ホームに停車している列車が見える。宿泊すると、天竜浜名湖鉄道「1日フリーきっぷ」がもらえる。

シンプルだが高級感あふれる室内。

二俣本町駅の駅舎
駅舎の外観からは、宿泊できるとはとても思えない。

1日1組の限定じゃけえ、泊まりたいなら予約は早めにしときんさい。

泊まりたいな〜。

1914年に開業した東京駅。歴史もあり、古くから東京の玄関口としてたくさんの列車や路線が集まる巨大ターミナルでもある構内には、鉄道に関する見どころがたくさんある。そんな東京駅を探検してみよう。

東京駅丸の内駅舎

 1 丸の内駅舎

東京駅を象徴する赤いレンガの駅舎。北側と南側にあるドームが特徴で、高さは約35mもある。

高い天井は、稲穂を持つ鷲や干支など、さまざまなレリーフで飾られている。

2 開業当時の柱やレンガ壁

1914年の開業当時からあったホームの柱が、山手線（JY01）5番線、京浜東北線（JK26）6番線に残されている。また、丸の内南口付近などに、開業当時のレンガ壁がそのまま保存されている。

開業当時のレンガ壁

5・6番線にある開業当時の柱

5・6番線に残されとる柱には「明治四十一年」（1908年）という刻印がある。つまり、この柱は東京駅が開業する6年前につくられたということなんじゃ。

工事に何年もかかったんだね。

3 ドーム屋根の郵便ポスト

ドーム型の屋根がデザインされた郵便ポストが、丸の内中央口近くにある。左側の投函口に手紙やハガキを入れると、東京駅の風景がえがかれた特別な消印が押されて配達される。

ドーム屋根の郵便ポスト

自分宛にこのポストからハガキを出してみようかな。

昔の八重洲口には車両基地があったんじゃ。現在の東海道新幹線のホームは、じつはその車両基地じゃった場所につくられとるんじゃ。

4 東京駅新幹線建設記念碑

「東海道新幹線の生みの親」といわれる十河信二（第4代国有鉄道総裁）をたたえた記念碑。東海道新幹線18・19番線ホームの端、品川駅側にある。

東京駅新幹線建設記念碑

0キロポスト

さまざまな路線の起点である東京駅には0キロポストもたくさんある。

現在の中央本線の起点は神田駅（JC02）だが、昔の起点である東京駅につくられている。

東京駅開業55周年を記念して建てられた。

1番線の線路脇にある中央本線のモニュメント

4・5番線の線路のあいだにある山手線のモニュメント

0キロポストの中には標識ではなく、モニュメントのようなものもあるよ。どのホームにどんなものがあるか探してみよう。

17・18番線の線路のあいだにある東海道新幹線のモニュメント

20・21番線と22・23番線にある東北新幹線のモニュメント

総武地下1番線の線路脇にある横須賀・総武線（快速）の0キロポスト

0キロポストではないが、地下1階「SQUARE ZERO」には文字盤がすべて0の時計も。

急坂は、鉄道にとって難所だ。そのため山をよけて遠まわりしたり、トンネルを掘ったり、スイッチバックをしたりして急坂を克服している。そのような駅を紹介しよう。

1 土合駅（上越線）
どあいえき　じょうえつせん

単線だった上越線を複線（上下列車がそれぞれ別の線路を走ること）にするときに、地下深くに新清水トンネルを掘って、新しく下り線を敷いてとなりの土樽駅までつなげた。そのため土合駅の下りホームは、そのトンネルの中につくられた。

なんと486段もの階段を上らなければ、下りホームから地上の改札口にはたどり着けない。

下りホーム

地下70.7mにある「日本一のモグラ駅」だ。

階段には今が何段目か、ほぼ10段おきに記されている。

土合駅と土樽駅のあいだには標高1977mの谷川岳がそびえ立っているんだ。谷川岳を抜けるために、長い新清水トンネルをつくって、上越線の下り線を通したんだね。

三角屋根の土合駅の駅舎

カフェもあるので、疲れた体を休められる。

昔の土合駅は単線で、今の上り線のホームを使っておったんじゃ。ちなみに、となりの湯檜曽駅も、下りホームが新清水トンネルの中にあるで。

2駅続けてトンネル駅だなんて、めずらしい！

2 姨捨駅(篠ノ井線)

ジグザグに進みながら坂を登っていくスイッチバックの駅。現在は、特急や貨物列車は通過するが、普通列車はすべてスイッチバックするので、そのようすを体験してみよう。

スイッチバックをして坂を降りていく
普通列車（E127系）
左の奥に姨捨駅がある。

左、普通列車（E127系）・右、しなの（383系）
姨捨駅のホームにある展望デッキから見ると
スイッチバックをする列車の動きがよくわかる。

姨捨駅の駅名板

駅名板もスイッチバック
しているところが
ユニークなんだ。

3 西条駅(山陽本線)

ＪＲで補機が活躍しているのは、山陽本線広島貨物ターミナル駅と西条駅（JR-G10）のあいだを走る、上りの貨物列車だけだ。西条駅では、この補機と貨物列車の切り離し作業を見ることができる。

補機って
力持ちなんだね。

急坂の区間は瀬野駅（JR-G07）
から八本松駅（JR-G08）で、
両駅の名前から
通称「セノハチ」と呼ばれとる。
ワシも小さいころは、
補機が貨物列車を押しとる
ようすを見に、
よぉ行ったもんじゃ！

左の補機（EF210形）と右の貨物車（コキ107形）
の切り離し作業のようす

体験編 駅であたたまろう

温泉施設が同居している駅は、足湯も含めると全国各地に数多くある。なかでも、特徴的でオススメの温泉駅を紹介しよう。

「ほっとゆだ」浴室の信号機

 ほっとゆだ駅（北上線）

なんと浴室には信号機があって、列車の到着時間を教えてくれる。到着45分前になると青色が点灯し、30分前は黄色、15分前から発車時刻までは赤色が点灯する。

信号機を見ていれば、列車に乗り遅れなくてすむ。

ほっとゆだ駅の駅舎
トンガリ屋根の時計台がかわいい。「ゆ」と書かれたのれんのほうが温泉の入口。

もともとは陸中川尻駅という名前じゃったんじゃけど、温泉施設「ほっとゆだ」ができてからは、そちらのほうが有名になってしもぉた。じゃけえ、駅名もほっとゆだ駅に変えたんじゃ。

そうなんだ、面白いね！

 **津南駅（飯山線）**

駅に「リバーサイド津南」という温泉施設が同居している。食堂や休憩室もあるので、列車を待つあいだもくつろげる。

温泉に入りながら、トンネルから出てくる飯山線の列車をながめられるよ。

由布院駅（久大本線）

ゆふいん驛「あし湯」は、1番ホームの端にある。足湯なので気軽に利用でき、発着する列車を見ながらリラックスできる。

ポイント

乗車券を持っていれば無料で利用できますが、足湯だけ利用する人は足湯券（有料）が必要です。

津南駅の2階にある浴室　　普通列車（キハ110系）

ゆふいん驛「あし湯」

駅に同居しているお店や施設の中には、店長をやりながら駅の業務もしているという、大変めずらしい人がいる駅がある。

店長兼"駅長"の塚本さん

お店は駅事務室だった場所にある。

加斗駅の待合室

1 加斗駅（小浜線）

「ヘアーサロンつかもと」は、塚本朝子さんが営む理髪店。1996年から駅舎内にお店を移転させ、きっぷを売りながら営業を続けている。

駅の入口には、おなじみのサインポールがある。

ボランティアで加斗駅のそうじをしていたことが、塚本さんがこの場所でお店をはじめたきっかけだよ。

2 亀嵩駅（木次線）

亀嵩駅には手打ちそば屋さんの駅長がいる。「割子」と呼ばれるまるい器に入った「割子そば」を旧駅事務室内のお店で作っているほか、「亀嵩駅そば弁当」の電話注文を受けたら、お客さんが乗車する列車まで届けている。

店長兼駅長の杠哲也さん

お店ではきっぷの販売もおこなっている。

「扇屋そば」の割子そば

そばの入った器3枚で一人前だ。

このほかにも、ボクシングジムが同居している駅などもあるんじゃ。

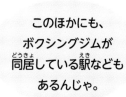

列車でおそばが食べたいな〜。

体験編 変わり種駅員に会いに行こう

全国には動物の駅長や駅員などがたくさんいて、ネコの駅員をはじめ、なかにはひときわ変わった動物の駅長もいる。それらの変わり種駅員に会いに行ってみよう。

1 かめ吉
宮内駅（山形鉄道）

2010年に宮内駅の助役（非常勤）に就任したのが「かめ吉」。約30年前から駅前のそば屋さん「三浦屋」で飼われているクサガメで、イベントなどがあると駅で勤務をすることもある。

かめ吉

カメは、あたたかいとよぉ動き、寒いとじっとして食べものも食べんようになる。かめ吉も冬には冬眠をするんで、会うんじゃったら5月から10月ころにおとずれんさい。

マイペースで勤務してるんだね。

2 さくら
芦ノ牧温泉駅（会津鉄道）

2021年にアテンダントに就任したネコの「さくら」。名前は、世界中からの2000件をこえる応募の中から選ばれた。

さくら

ネコの体調を考えて、一般の人はネコの撮影が禁止されているので、表情や動きを目に焼きつけよう。

駅前に飾られている昔の駅名板

好きな食べものは「ニャン太のまぐろスライス」と「焼かつお」だ。

ポイント 芦ノ牧温泉駅は、1987年に会津鉄道がこの路線を引き継ぐまでは上三寄駅という名前でした。

3 ミニさむ
那珂湊駅（ひたちなか海浜鉄道）

ミニさむ

勤務もしないで自由に駅を歩きまわっているので、駅員というよりも「駅にすみついたネコ」といったほうが合っているかもしれない。そのため、おとずれても会えないことも。

同じ路線の阿字ヶ浦駅には、レールで鳥居をつくった鉄道神社があるけぇ、お参りしてみんさい。

行ってみたいなぁ！

だれのことも気にせず、自由気ままなところが人気となっている。

4 ニタマ
貴志駅（和歌山電鐵）

日本だけではなく世界中で人気のあったスーパー駅長「たま」のあとを引き継いで、2015年にニタマが貴志駅（14）の駅長になった。「たまⅡ世駅長」とも呼ばれている。現在は、和歌山電鐵社長代理も兼務している。

ニタマ

あまり活動的ではなく、もくもくと駅長の仕事をこなしている。

貴志駅の駅舎はネコの形をしている。

5 あさちゃん・てつちゃん
宍喰駅（阿佐海岸鉄道）

宍喰駅（AK29）は、地元の特産品であるイセエビが駅長という、とてもめずらしい駅。「あさちゃん」がメスで「てつちゃん」はオス。改札付近で勤務している。

以前はメダカが駅長だったが、2010年にイセエビに交代した。

イセエビが赤いカラを脱皮して成長するように、阿佐海岸鉄道も赤字から脱出したいという願いもこめて、イセエビを駅長にしたんだって。

あさちゃん・てつちゃん
2020年に4代目の駅長に就任した。

クイズ むずかしい駅名を読んでみよう

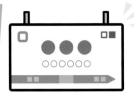

全国の駅の中には、読み方がむずかしい駅名や、思わず笑ってしまいそうな面白い読み方をする駅名がある。さて、君たちはいくつの駅名を読めるかな？　ほかにもいろいろあるので時刻表やインターネットで探し、機会があればおとずれてみよう。

答えは47ページを見てね。

① 秋田内陸縦貫鉄道

ヒント

おかしいですか？

② 奥羽本線

ヒント

カンニングはいけません。

③ わたらせ渓谷鐵道

ヒント

「こうべ」じゃありません。

④ 東武鉄道東上線

ヒント

「男」は「お」と読みます。

⑤ 山陰本線

ヒント

答えは4文字です。

⑥ 上信電鉄

ヒント

もんくをいっているわけではありません。

⑦ 土讃線

ヒント

天然ですか？

⑧ 土讃線／土佐くろしお鉄道 ●●●・なはり線

ヒント

本のどこかに答えが！

駅名を読めるようになるには、友だちと駅名しりとりをしたり、駅名あてクイズをしたりするとええかものぉ。

よぉし、あててやるぞ！

3章

特色のある駅をおとずれよう

形が面白かったり、絶景を望めたり
不思議な場所にあったり
特色のある駅をおとずれてみよう。

糠南駅
（34ページ）

北舟岡駅
（36ページ）

小幌駅（42ページ）

尾上高校前駅
（36ページ）

くびき駅
（35ページ）

木造駅
（34ページ）

信濃平駅（36ページ）

恋山形駅（43ページ）

下灘駅
（37ページ）

亀甲駅
（35ページ）

保津峡駅
（37ページ）

峠駅（40ページ）

湯野上温泉駅
（35ページ）

田主丸駅
（35ページ）

大三東駅
（37ページ）

田本駅
（42ページ）

蔵前駅（41ページ）

大川駅（42ページ）

津島ノ宮駅（43ページ）

土佐北川駅（41ページ）

秋津駅（40ページ）

西大山駅
（37ページ）

大手町駅前停留場（41ページ）

駅のある地域の特産や名所、遺跡や伝説などをテーマにした、変わった形の駅舎たち。なかには駅とは思えない、ビックリするようなものもある。

糠南駅のホームと駅舎

1　物置が駅舎!?
糠南駅(宗谷本線)

北海道には、貨車を待合室として利用した通称「ダルマ駅」は数多いが、この駅は駅舎が物置だ。その質素さがテレビで紹介されるなどしたため、現在人気が急上昇中である。

待合室の中にはビールケースを使ったベンチがあるだけで、定員は1〜2名といったところ。

糠南駅の駅舎

板ばりでかんたんなつくりの短いホームに物置がポツンと置いてある。

もともとは木造の待合室があったが、台風でこわれてしまった。建て替えるお金がなかったので、町が物置を購入して駅舎にしたんだって。

木造駅の駅舎

2　土偶(土でつくられた人形)がそびえ立つ駅　木造駅(五能線)

付近にある亀ヶ岡石器時代遺跡から出土した遮光器土偶の巨大モチーフが、駅舎の外壁についている。とてもユニークな形なので、全国から多くの駅鉄がおとずれている。

駅員さんに頼めば、目を光らせてくれるんじゃ。7色に光る目が目立って面白いで。

目が光るところを見てみたいなぁ。

土偶の愛称は「しゃこちゃん」。高さは約17.3mもあり、2億円以上かけてつくられた。

湯野上温泉駅の駅舎

3 茅葺屋根の駅舎
湯野上温泉駅（会津鉄道）

もともとの駅名は湯野上駅だったが、第三セクターの路線として生まれ変わった1987年に、現在の駅名に改称した。また同年、茅葺屋根の民家が並ぶ「大内宿」の最寄り駅であることから、茅葺屋根の新駅舎が完成した。

茅葺屋根の駅は、全国でもこの駅と久大本線の豊後中村駅のわずか2駅のみなんじゃ。

くびき駅の駅舎
後ろから見るとまるでUFOのような外観だ。

4 田園風景の中に近未来的な駅舎
くびき駅（北越急行）

世にも奇妙な、銀色と黒の卵の形をした駅舎。正面は赤く、半分に輪切りされたよう。のどかな景色の中で、すごいインパクト。
赤く塗られたスギの外壁が目を引く。

5 駅舎の屋根からカメの顔が！
亀甲駅（津山線）

見ていて楽しいカメの形をした駅舎。近くにカメの甲羅のような岩（亀甲岩）があることからつくられた。駅の中には本物のカメも飼われている。

亀甲駅の駅舎
なんともほほえましいカメの駅。目は時計になっている。

田主丸駅の駅舎

駅の正面もホーム側もカッパになっている。

6 カッパ伝説が駅舎に！
田主丸駅（久大本線）

黄色いくちばしがかわいいね。

周辺地域にカッパの伝説が数多く残されていることから、1992年に現在の駅舎が完成した。ホームや駅前にもカッパの像があり、おとずれた人の目を楽しませてくれる。

海や山、川や谷など、その駅でしか出会えないすばらしい景色を楽しもう。朝や夕方など、時間帯によっても景色の見え方が変わってくる。

北舟岡駅のホーム

1 間近に内浦湾が広がる駅　北舟岡駅（室蘭本線）

北舟岡駅（H37）は、ホームのすぐそばが内浦湾で、潮風が心地よい。天気のよい日には水平線の先に北海道駒ヶ岳という有名な山を見ることができる。

水平線に太陽が沈む夕方におとずれるのがオススメだよ。

2 名山を正面に望む駅　尾上高校前駅（弘南鉄道弘南線）

「津軽富士」として地元の人々に親しまれている岩木山を望む尾上高校前駅（KK09）。津軽平野の田んぼの広がりも、見ていて気持ちがいい。

ポイント

岩木山は弘南線の多くの駅から見ることができますが、この駅がベストです。

尾上高校前駅の駅舎

信濃平駅の駅舎

3 黄色いじゅうたんの広がる駅　信濃平駅（飯山線）

ホームの前に菜の花畑が広がる駅。晴れた日には黄色い花と青い空のコントラストが美しく、また、志賀高原の山並みも見渡せる。

信濃平駅は「ワフ29500形」というめずらしい貨車と車掌車がくっついた旧車両を、待合室として使っとるダルマ駅。室内には、貨車だったころの機器や設備がそのままたくさん残っとるんじゃ。

菜の花も待合室も見てみた〜い！

菜の花は、毎年ゴールデンウィーク前後に見ごろになる。

4 渓谷を見下ろす駅
保津峡駅（山陰本線）

1989年に、山あいに流れる保津川にかけられた鉄橋（アーチ橋）の上に移転した保津峡駅（JR-E09）。ぜひ、ホーム真下を流れる保津川と、渓谷をいろどる四季折々の美しい景色を味わってもらいたい。

保津峡駅のホームから、渓谷沿いを走る嵯峨野観光鉄道のトロッコ列車（くわしくは2巻で）が見られるで。

5 夕景の美しい駅
下灘駅（予讃線）

JRのポスターに何度も登場するほど有名な下灘駅（S09）。イチオシは、夕方ごろ瀬戸内海に沈む夕日をホームからながめることだ。

6 有明海のほとりにたたずむ駅
大三東駅（島原鉄道）

有明海に面した駅。ホームのフェンスには願いごとを書いた「黄色いハンカチ」がかけられ、青い空と海を背景に色あざやかにはためいている。

大三東駅のホーム

水平線から昇る朝日を見られる駅は数少ないので、ここは朝がオススメだ。

保津峡駅のホーム

普通列車（221系）

下灘駅のホーム

日が沈むようすは、まるで映画の1シーンを見ているよう。

7 開聞岳がそびえる駅
西大山駅（指宿枕崎線）

JRで一番南にある駅。「薩摩富士」の名でも知られる開聞岳を間近に見ることができる駅として有名。

西大山駅のJR日本最南端の駅を示す柱
ホームにある柱と開聞岳といっしょに記念写真を撮ろう。

駅をおとずれたら、思い出や記録を残しておくために駅の写真はかならず撮っておこう。ちょっとした工夫しだいで、写真の仕上がりは大きく変わってくる。そこで、駅をじょうずに撮るためのワンランク上の撮影術を教えよう。

東京駅（→24ページ）の駅舎

1 色や形をはっきり写すときは順光で

色や形が変わっている駅は晴れた日に順光で撮るといい。撮影地が順光になる時間に合わせて撮ろう。

ポイント

撮りたい駅がどの方角を向いているか地図で調べ、撮影する時間を決めましょう。

2 望遠で一部分をアップにする

駅舎の全体ばかりを撮るのではなく、気になったものがあればレンズを望遠（くわしくは1巻で）にズームして撮ってみよう。

は〜い！

望遠で撮ると手ブレを起こしやすくなるんで、気をつけんさいね。

上神梅駅（WK06・わたらせ渓谷鐵道）の改札口

3 カメラの位置を変えてみよう

立ったまま撮るだけではなく、ときには座ったり手を上に伸ばしたりして、カメラの位置を変えて撮ってみよう。

津軽飯詰駅（津軽鉄道）の駅名板
下から撮ると迫力が出る場合が多い。

4 まわりのようすも入れて撮る

駅舎だけではなく、その駅がどんなところにあるのか、少し離れたところや高いところからも撮ってみよう。

駅のまわりも写しこむと、周辺のようすや地形がわかったりするよ。

轟木駅（五能線）の駅舎

5 朝や夕方に撮ってみる

朝日や夕日が美しいことで有名な駅は、昼間よりも朝夕に撮ったほうが断然いい。ぜひとも晴れた日に撮りたいので、天気予報をチェックしてから駅をおとずれよう。

古部駅（島原鉄道）のホーム
朝や夕方はとくにドラマチックな写真が撮れる。

高畠駅（奥羽本線）の駅舎

6 夜間撮影にチャレンジ

夜の写真も窓明かりや照明などをうまく写すことができれば、雰囲気を感じさせる写真になる。撮るときには、手ブレをしないよう三脚（くわしくは1巻で）をかならず使用しよう。

くもりの日は撮影に向かないの？

くもりの日は光が射さないのでメリハリのない写真になる。しかし、例外もある。駅の入口が北向きで、いつも逆光になってしまうような、日の光があたらない駅を正面から撮りたいときは、くもりの日のほうが影が出ず、きれいに撮れる。

美作江見駅（姫新線）

へぇ～、さすがプロ！

夜の撮影じゃあ、フラッシュを光らせんように設定しておきんさい。フラッシュが光ると、写真の明暗が極端に出てしまい、臨場感がなくなるんじゃ。

なぜこんなところに駅をつくったのか、なぜこのような形の駅になったのかなど、日本全国にある不思議な駅をめぐってみよう。

1 シェルターの中の駅　峠駅（奥羽本線）

かつてスイッチバックをおこなっていた駅。線路のポイント（→16ページ）が多いため、冬の雪でそれらがうまらないように、駅全体がスノーシェルターでおおわれた。

峠駅のホーム　　　昼間でもうす暗い。

立ち売りのようす。

立ち売りなんてめずらしいね。食べたいな〜。

列車の到着に合わせ、名物の「峠の力餅」という大福餅をホームで立ち売りしているよ。

2 住所はどこ？　秋津駅（西武鉄道池袋線）

秋津駅（SI16）は、東京都東村山市と清瀬市、そして埼玉県所沢市にホームがまたがっている大変ややこしい駅だ。

秋津駅のホーム
3つの市にまたがっためずらしい駅。

駅の住所は東京都東村山市だ。

ポイント
駅の住所は、駅長室のある場所で決まります。

東海道本線の山崎駅（JR-A36）は駅が京都府と大阪府とにまたがっとって、ホームには府境を示す案内板が立っとるんじゃ。

3 同じ名前の駅なのにつながっていない駅
蔵前駅（都営地下鉄浅草線・大江戸線）

都営地下鉄大江戸線の蔵前駅（E11）があとからできたため、都営地下鉄浅草線の蔵前駅（A17）と300mくらい離れた場所にある。そのため、一度改札口を出て地上を歩かないと乗り換えることができない不思議な駅なのだ。

蔵前駅（都営地下鉄大江戸線）のホーム
同じ駅名なのにつながっていない。

4 線路が直角に交わる
大手町駅前停留場
（伊予鉄道大手町線）

大手町駅前停留場（04）は、電停（→16ページ）のすぐ前で、鉄道の線路と路面電車の線路が直角に交わっている、日本で唯一の場所。

高浜線の列車が通るときには遮断機が下りて、路面電車や自動車は列車が通過するまで待っているんだよ。

大手町駅前停留場
手前、普通列車（伊予鉄道 モハ50形）・
奥、普通列車（伊予鉄道 700系）
交わる路線は、同じ伊予鉄道の高浜線という鉄道の路線。

5 鉄橋の中の駅
土佐北川駅（土讃線）

鉄橋の上にある駅として保津峡駅（→37ページ）を紹介したが、土佐北川駅（D33）はトラス橋という鉄橋の中にホームがある。

土佐北川駅のホーム

ホームに立つと、がんじょうな柵に取り囲まれているかのよう。

トラス橋とは、部材を三角形に組み合わせた構造の橋のことです。

土佐北川駅は1960年に開業したんじゃけど、1986年に線路が今の位置に移転したのに合わせて、駅も鉄橋の中に移動したんじゃ。

なるほど、そうなんだね。

極端に列車の本数が少ない駅、自動車はもちろん歩いていくのも大変な駅などを秘境駅という。今、おとずれることがブームになっている秘境駅に君たちも降り立ってみよう。

1 列車でしかたどり着けない駅 小幌駅（室蘭本線）

秘境駅の中でもナンバー1なのが、この小幌駅（H45）。駅に向かう道はなく、駅には列車で行くしかないという秘境中の秘境駅だ。

周辺に住んどった漁師さんらのために1987年にできた小幌駅。ほいじゃけど、今はもうだれも住んどらんで、駅だけが残っとるんじゃ。

それで秘境駅になったんだね。

小幌駅のホーム
秘境駅として有名になり、列車に乗っておとずれる人は意外と多い。

2 都会の秘境駅 大川駅（鶴見線）

鶴見線の、大川支線と呼ばれる支線にある大川駅（JI61）は、神奈川県川崎市にある秘境駅だ。近くの工場で働く人のための駅なので、列車の本数が朝と夕方のみと極端に少ない。

列車は平日で9本、土日祝日は3本しか停車しないよ。

大川駅の駅舎

3 断崖絶壁の駅 田本駅（飯田線）

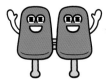

たんなる秘境駅にとどまらず、駅が断崖にあり、ホームも狭いため、「絶壁の駅」と呼ばれている。待合室には通称「ゼッペキノート」という駅ノートが置かれている。

田本駅
普通列車（213系）
ホームと線路が崖の途中を切りくずしてつくられている。

ポイント
駅から民家のある道路までは、20分ほど坂を登らなければなりません。

全国にはおよそ9000もの駅があるという。駅鉄をめざす君たちに、その中でもとくに変わった駅を紹介しよう。

ピンクがいっぱいの駅
恋山形駅（智頭急行）

駅名に「恋」という字がつくことから「恋がかなう駅」として駅全体がピンク色に飾られ、いたるところにハートのマークがつけられている。

ピンクの郵便ポストに投函すると、ハート型の特別な消印が押されて届くんだ。

恋山形駅の駅舎
とにかくピンク一色の駅。

HOT3500形

ハート型の駅名板

ぜんぶ行ってみたいな～。

日本には「恋」のつく駅は、恋山形駅のほかに母恋駅（M35・室蘭本線）、恋し浜駅（三陸鉄道）、恋ヶ窪駅（SK02・西武鉄道国分寺線）と、ぜんぶで4駅あるんじゃ。

日本一営業日数が少ないJRの駅
津島ノ宮駅（予讃線）

近くにある「津嶋神社」でおこなわれる祭りの期間、毎年8月4日と5日の、たった2日間しか営業していない。

津島ノ宮駅のホーム
祭り期間以外、列車はすべてこの駅を通過する。

JR以外では、岡山電気軌道東山本線京橋停留場も、年に2日しか営業しないんだよ。

番外編 集まれ！日本一の駅

全国のさまざまな日本一の駅を一挙に紹介しよう（2022年12月現在）。

駅名が最も長い駅

「トヨタモビリティ富山 G スクエア五福前（五福末広町）」停留場（駅）（C21）
（富山地方鉄道呉羽線）
読みがな32文字

最も標高の高いところにある駅

野辺山駅（小海線）
1345.67m

現在も使われている最も古い駅舎

亀崎駅（CE05）（武豊線）
1886年建設

最も西にある駅

那覇空港駅（01）（ゆいレール）
東経127度39分8秒

駅名が最も短い駅

「津」駅（紀勢本線など）
読みがな1文字

最も急な斜面にある駅（ケーブルカーの駅は除く）

大谷駅（OT34）（京阪電鉄京津線）
40‰

最も南にある駅

赤嶺駅（02）（ゆいレール）
北緯26度11分36秒

沖縄県

最も北にある駅

稚内駅（W80）（宗谷本線）
北緯45度25分03秒

地面から最も深いところにある駅

土合駅（→26ページ）（上越線下りホーム）
地下70.7m

最も東にある駅

東根室駅（根室本線）
東経145度35分50秒

列車に乗り降りできるホームの数が最も多い駅

東京駅（東海道本線などのJR線）（→24ページ）
28ホーム

海抜（海水面から測った高さ）が最も低いところにある駅

住吉駅（Z12）（東京メトロ半蔵門線）
海抜マイナス33m

鉄道会社の乗り入れ数が最も多い駅

横浜駅（JT05など）
（JR東日本など）
6社

1日の乗降客が最も多い駅

新宿駅（JY17など）
（山手線などのJR線）
約350万人

東京都

インタビュー 山﨑さんと駅

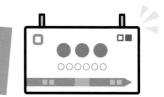

山﨑さんは駅に興味があるの？

あるある！　大ありじゃいや‼　ワシは撮り鉄なんじゃけど、駅の写真を撮ったり撮影のあいまに駅を利用したりしよるうちに、じつは駅にハマってしもぉた。形の変わった駅は、なんでそのようになったんかを調べたりするし、起点の駅の0キロポストはかならず探す。もちろん飲食店や温泉なんかの同居施設は間違いのぉ利用しとるで。

オススメの駅はどこ？

長陽駅じゃ。ここは1928年に開業したんじゃけど、その当時のままの木造の駅舎が残っとるんじゃ。駅舎だけじゃのぉて、土日祝日は駅事務室を利用した「久永屋」いうシフォンケーキ屋さんが営業するんじゃ。そんなにあまくのぉて、あまいものが苦手なワシでもおいしゅう食べられるで。

長陽駅「久永屋」のシフォンケーキ

行ってみたい！　どの路線にあるの？

南阿蘇鉄道にあるんじゃけど、2016年に起きた地震のせいで、線路が被害を受けてしもぉたんじゃ。一部の区間は復旧したんじゃけど、長陽駅は列車が走っとらん（2022年12月現在）。じゃけぇ、列車じゃあ、たどり着けん駅になってしもぉた。一日も早い復旧を祈るばかりじゃ。

じゃあ山﨑さんが好きな駅はどこ？

東京駅（→24ページ）や門司港駅（→20ページ）は大きゅうて、歴史があって好きなんじゃけど、個人的にはわたらせ渓谷鐵道の上神梅駅（→38ページ）じゃ。ここも1912年の開業当時のままで、全国的にもめずらしい木製の改札口が残っとる。無人駅なんじゃけど、駅前やホームにはいつも花が咲いとって、手入れが行き届いとるんじゃ。ボランティアでそれらの花を育てとるおばあさんと仲よぉなって、駅や路線の昔の話を聞かせてもろぉたかのぉ。そんなことから、この駅はみんなに愛されとるんじゃいうことがわかって、ますます好きになったんじゃ。

上神梅駅（わたらせ渓谷鐵道）にて

駅鉄の魅力って何？

駅にくわしくなったり、知識を得たりすることもえぇんじゃけど、人とふれ合えることかのぉ。列車に乗るためには駅が必要じゃけぇ、駅に人が集まる。駅や施設を利用するだけじゃのぉて、人と話したり交流することによって、インターネットや本などにのっていない地元の人ならではの話を聞けたり、体験できたりすることじゃないんかのぉ。

おわりに

駅に注目したり関心を持ったりすることによって、今までなにげのぉ乗り降りしとった駅が、じつは目的地になったり新たな発見の場に変わったりすることがわかったじゃろう。きっと、その駅ならではの魅力が、ワシらの興味を引きつけるんじゃろう。ほいじゃあ、それらの駅は、いったいだれが管理しておるんじゃろ。同居施設がある駅なんかはそこの施設の人らが、きっぷを売ったりもしよるし、無人駅じゃあ、地元の人らがそうじをしたり、花を植えたりしながら駅を守っとる。じゃけぇ、そういう人らのおかげでワシらが気持ちよぉ駅を利用でき、駅鉄することができとるいうことをぜったいに忘れちゃいけんで。駅や列車に関わるすべての人に感謝しつつ、これからも駅を深ぅ掘り下げ、駅鉄を楽しんでいこうで！

鉄道カメラマン　山﨑友也

32ページの答え

①おかしない　②のぞき　③ごうど　④おぶすま　⑤こっとい
⑥なんじゃい　⑦おおぼけ　⑧ごめん

さくいん

山﨑友也（やまさき・ゆうや）

広島県生まれ。日本大学芸術学部写真学科卒業後、鉄道写真の第一人者である真島満秀氏に師事。フリーを経て、現在は鉄道写真の専門家集団「有限会社レイルマンフォトオフィス」代表。独自の視点から鉄道写真を多彩に表現し、出版や広告など多方面で活躍中。

写真・執筆	山﨑友也
写真協力	山下大祐、平谷尚、新田龍一（有限会社レイルマンフォトオフィス）、南谷吉俊（22ページ　客室）、野村一也（31ページ　ミニさむ）
協力	大井川鐵道株式会社、株式会社交通新聞社
モデル	初野志拓、山田裕夏
イラスト	オオノマサフミ
装丁・デザイン	森岡寛貴（一般社団法人ミライエ）
DTP	近藤みどり
図版制作	野村幸布
編集	小西眞由美、西垣一葉（株式会社春燈社）
制作	株式会社春燈社

マナーを守って楽しく極める！
正しい鉄ちゃん道
③駅鉄

2023年 3月10日　初版第1刷発行

山﨑友也／著

発行者／西村保彦
発行所／鈴木出版株式会社
〒101-0051　東京都千代田区神田神保町2-3-1 岩波書店アネックスビル5F
電話／03-6272-8001
FAX／03-6272-8016
振替／00110-0-34090
ホームページ　http://www.suzuki-syuppan.co.jp/

印刷　株式会社ウイル・コーポレーション